Duden

Erste Hilfe

Grammatik

Von Linda Strehl

Dudenverlag
Berlin

Die **Duden-Sprachberatung** beantwortet Ihre Fragen
zu Rechtschreibung, Zeichensetzung, Grammatik u. Ä.
montags bis freitags zwischen 09:00 und 17:00 Uhr.
Aus Deutschland: **09001 870098 (1,99 €** pro Minute aus dem Festnetz)
Aus Österreich: **0900 844144 (1,80 €** pro Minute aus dem Festnetz)
Aus der Schweiz: **0900 383360 (3.13 CHF** pro Minute aus dem Festnetz)
Die Tarife für Anrufe aus den Mobilfunknetzen können davon abweichen.
Den kostenlosen Newsletter der Duden-Sprachberatung können Sie
unter www.duden.de/newsletter abonnieren.

Bibliografische Information der Deutschen Nationalbibliothek
Die Deutsche Nationalbibliothek verzeichnet diese Publikation in der Deutschen Nationalbibliografie; detaillierte bibliografische Daten sind im Internet über http://dnb.dnb.de abrufbar.

Bibliographisches Institut GmbH, Mecklenburgische Straße 53, 14197 Berlin

Redaktionelle Leitung Melanie Kunkel
Redaktionelle Bearbeitung Anna Speiser
Herstellung Maike Häßler

Layout Sigrid Hecker, Mannheim
Satz Sigrid Hecker, Mannheim
Umschlaggestaltung Büroecco, Augsburg
Umschlagabbildung Büroecco, Augsburg
Druck und Bindung Heenemann GmbH & Co. KG
Bessemerstraße 83–91, 12103 Berlin
Printed in Germany

ISBN 978-3-411-71119-2
www.duden.de

Inhaltsverzeichnis

Substantive und Artikel

Substantive (Nomen) werden immer großgeschrieben und oft von einem bestimmten Artikel *(der, die, das)* oder unbestimmten Artikel *(ein, eine, einer)* begleitet: *ein Kind, das Kind, die Kinder.* Sie machen den bei Weitem größten Teil des Wortschatzes aus und können auf vielfältige Weise zu neuen Wörtern zusammengesetzt werden. Man unterscheidet:

- **Gegenstandswörter (Konkreta):** Eigennamen: *Maria, Müller, Japan, Neapel, Feldberg,* Gattungsbezeichnungen: *Mensch, Frau, Freund, Hund, Stern,* Stoffbezeichnungen: *Stahl, Gold, Leder, Öl*
- **Begriffswörter (Abstrakta):** *Mut, Stress, Dummheit, Frieden, Kälte, Abrüstung, Verstand, Alter*

Genus (Geschlecht)

Substantive haben ein festes Genus. Man erkennt es an dem bestimmten Artikel:

- **Maskulinum** (männlich): *der Mann*
- **Femininum** (weiblich): *die Frau*
- **Neutrum** (sächlich): *das Haus*

Manchmal stimmt das Genus nicht mit dem natürlichen Geschlecht überein: *das Mädchen* (→ Genus: Neutrum, natürliches Geschlecht: Femininum); *der Gast* (→ Genus:

Maskulinum, natürliches Geschlecht: Maskulinum oder Femininum).

Numerus (Zahl)

Substantive stehen entweder im **Singular** (Einzahl) oder im **Plural** (Mehrzahl): *Kind – Kinder.*

Manche Substantive

- gibt es nur im Singular: *das Obst, die Kälte, der Schnee,*
- gibt es nur im Plural: *die Leute, die Eltern, die Ferien,*
- haben mehrere gleichberechtigte Pluralformen: *Pizza → Pizzas/Pizzen, Balkon → Balkone/Balkons, Komma → Kommas/Kommata.*

Kasus (Fall)

Substantive in einem Satz stehen in einem bestimmten Fall, dem Kasus:

- **Nominativ** (1. Fall): *wer* oder *was?*
- **Genitiv** (2. Fall): *wessen?*
- **Dativ** (3. Fall): *wem?*
- **Akkusativ** (4. Fall): *wen* oder *was?*

Mit dem Substantiv wird zugleich auch der Artikel dekliniert: *Der Junge* (Nominativ) *staunt über die großen Bäume* (Akkusativ) *im Garten* (Dativ) *des Nachbarn* (Genitiv).

Deklinationsarten

Die Anpassung der Form eines Substantivs in Genus, Numerus und Kasus nennt man **Deklination** (Beugung). Der Artikel wird immer mitdekliniert: *des Hauses, den Kindern.* Auch Eigennamen (Titel, Personennamen, geografische Bezeichnungen, Werktitel) werden dekliniert: *die Rede Peters des Großen, die Königin Schwedens.*

Nach den Formen des Genitivs Singular und der Pluralbildung unterscheidet man starke, schwache und gemischte Deklination.

Starke Deklination

Der Genitiv Singular der Substantive im Maskulinum und Neutrum endet auf *-es/-s.*

Es treten verschiedene Formen der Pluralbildung auf.

Sg.	Maskulinum	Femininum	Neutrum
Nom.	der Vogel	die Nacht	das Bild
Gen.	des Vogels	der Nacht	des Bildes
Dat.	dem Vogel	der Nacht	dem Bild(e)
Akk.	den Vogel	die Nacht	das Bild

Pl.	Maskulinum	Femininum	Neutrum
Nom.	die Vögel	die Nächte	die Bilder
Gen.	der Vögel	der Nächte	der Bilder
Dat.	den Vögeln	den Nächten	den Bildern
Akk.	die Vögel	die Nächte	die Bilder

Schwache Deklination

In der schwachen Deklination gibt es keine Substantive im Neutrum. Der Singular der männlichen Substantive endet außer im Nominativ immer auf *-en.*

Die Pluralformen lauten immer auf *-en.*

Sg.	Maskulinum	Femininum
Nom.	der Mensch	die Frau
Gen.	des Menschen	der Frau
Dat.	dem Menschen	der Frau
Akk.	den Menschen	die Frau

Pl.	Maskulinum	Femininum
Nom.	die Menschen	die Frauen
Gen.	der Menschen	der Frauen
Dat.	den Menschen	den Frauen
Akk.	die Menschen	die Frauen

Gemischte Deklination

Einige Substantive im Maskulinum und Neutrum werden im Singular stark und im Plural schwach dekliniert.

Sg.		Pl.	
Nom.	der Staat	Nom.	die Staaten
Gen.	des Staat(e)s	Gen.	der Staaten
Dat.	dem Staat(e)	Dat.	den Staaten
Akk.	den Staat	Akk.	die Staaten

Pluralformen

Die Pluralformen von Substantiven können auf viele unterschiedliche Arten gebildet werden. Sie unterscheiden sich durch die Endungen oder durch einen Wechsel des Vokals zu einem Umlaut.

- Mit doppelten Pluralformen werden häufig verschiedene Bedeutungen des Wortes unterschieden, z. B. *Bank* → *Bänke* (Sitzgelegenheiten), *Bank* → *Banken* (Geldinstitute).
- Viele Fremdwörter aus dem Griechischen und Lateinischen haben besondere Pluralformen: *das Album* → *die Alben, der Terminus* → *die Termini, das Praktikum* → *die Praktika.*
- Bei manchen Substantiven kann der Plural nur durch zusammengesetzte Wörter ausgedrückt werden: *Regen* → *Regenfälle, Fleisch* → *Fleischsorten, Schnee* → *Schneemassen.*

Endung	Singular	Plural
-e	der Brief	die Briefe
-e + Umlaut	der Ball	die Bälle
-en	die Tür	die Türen
-n	die Tasche	die Taschen
-er	das Kleid	die Kleider
-er + Umlaut	der Wald	die Wälder
-s	das Hotel	die Hotels
Umlaut	der Bruder	die Brüder
ohne	der Lehrer	die Lehrer

Pronomen

Pronomen übernehmen im Text wichtige Funktionen. Sie können ein schon bekanntes Substantiv ersetzen, auf etwas Folgendes hinweisen oder auf etwas bereits Genanntes zurückverweisen. Dadurch können Wiederholungen oder komplizierte Formulierungen vermieden werden.

Das Personalpronomen

Das Personalpronomen steht als **Stellvertreter** für Personen, Gegenstände, Zustände oder Sachverhalte:
Der Schüler geht nach Hause.
→ *Er geht nach Hause.*

- Man unterscheidet je eine 1., 2. und 3. Person im Singular und im Plural.
- Die höfliche Anrede entspricht der 3. Person Plural und wird großgeschrieben: *Haben Sie einen Wunsch?*

Sg.	1. Person	2. Person	3. Person
Nom.	ich	du	er/sie/es
Gen.	meiner	deiner	seiner/ihrer/seiner
Dat.	mir	dir	ihm/ihr/ihm
Akk.	mich	dich	ihn/sie/es

Pl.	1. Person	2. Person	3. Person
Nom.	wir	ihr	sie/Sie
Gen.	unser	euer	ihrer/Ihrer
Dat.	uns	euch	ihnen/Ihnen
Akk.	uns	euch	sie/Sie

Das Reflexivpronomen

Das Reflexivpronomen **bezieht sich auf das Subjekt des Satzes.** Der Kasus (Dativ oder Akkusativ) hängt vom Verb ab.

- Es stimmt in Person und Numerus mit dem Subjekt überein: *Ich male mich. Wir haben uns sehr gefreut. Er schadet sich damit.*
- Im Dativ und Akkusativ der 3. Person Singular und Plural besitzt es die gleiche Form: *sich.*

Sg.	1. Person	2. Person	3. Person
Dat.	mir	dir	sich
Akk.	mich	dich	sich

Pl.	1. Person	2. Person	3. Person
Dat.	uns	euch	sich
Akk.	uns	euch	sich

Die Formen der 1. und 2. Person entsprechen den Formen des Personalpronomens.

Das Possessivpronomen

Das Possessivpronomen gibt ein **Besitzverhältnis** an oder drückt eine Zugehörigkeit aus. Es begleitet oder ersetzt ein Substantiv: *Das ist meine Tasche. Das ist nicht dein Schlüssel, sondern meiner.* Die Formen lauten: *mein, dein, sein/ihr/sein, unser, euer, ihr.*

- Seine Form richtet sich nach der Person, auf die es sich bezieht, und stimmt in Kasus, Numerus und Genus mit dem Substantiv überein, vor dem es steht: *die Frau meines Bruders, mach deine Hausaufgaben.*
- Das Possessivpromonen kann auch als Stellvertreter ein Substantiv ersetzen: *Wessen Schlüssel ist das? – Das ist meiner.*
- Die **Höflichkeitsformen** *Ihr, Ihre* werden großgeschrieben: *Ich habe Ihren Brief erhalten.*

Sg.	Maskulinum	Femininum	Neutrum
Nom.	mein Sohn	meine Tochter	mein Kind
Gen.	meines Sohnes	meiner Tochter	meines Kindes
Dat.	meinem Sohn(e)	meiner Tochter	meinem Kind(e)
Akk.	meinen Sohn	meine Tochter	mein Kind

Pl.	Maskulinum/Femininum/Neutrum
Nom.	meine Söhne/Töchter/Kinder
Gen.	meiner Söhne/Töchter/Kinder
Dat.	meinen Söhnen/Töchtern/Kindern
Akk.	meine Söhne/Töchter/Kinder

Das Demonstrativpronomen

Als Demonstrativpronomen werden die folgenden Pronomen verwendet, wenn man auf etwas **hinweisen** oder etwas **hervorheben** will: *dieser/diese/dieses, jener/jene/jenes, solcher/solche/solches, derselbe/dieselbe/dasselbe, derjenige/diejenige/dasjenige, der/die/das* (in betonter Form).

- Es richtet sich in Genus, Numerus und Kasus nach dem Substantiv, bei dem es steht oder das es vertritt: *Diesen Film kenne ich.*
- Mit *dieser* weist man auf etwas Näheres, mit *jener* auf etwas Entfernteres hin: *Gib mir den Ball! – Diesen oder jenen?*
- Das Demonstrativpronomen *der* als Stellvertreter des Substantivs ist vom bestimmten Artikel *der* zu unterscheiden. Es ist im Allgemeinen voraus- oder zurückweisend: *Den kenne ich gut!*

Sg.	Maskulinum	Femininum	Neutrum
Nom.	dieser	diese	dies(es)
Gen.	dieses	dieser	dieses
Dat.	diesem	dieser	diesem
Akk.	diesen	diese	dies(es)
Nom.	der	die	das
Gen.	dessen	derer/deren	dessen
Dat.	dem	der	dem
Akk.	den	die	das

Pl.	Maskulinum	Femininum	Neutrum
Nom.	diese	diese	diese
Gen.	dieser	dieser	dieser
Dat.	diesen	diesen	diesen
Akk.	diese	diese	diese
Nom.	die	die	die
Gen.	deren/derer	deren/derer	deren/derer
Dat.	denen	denen	denen
Akk.	die	die	die

Das Indefinitpronomen

Das Indefinitpronomen wird verwendet, wenn über Personen, Sachverhalte, Mengen oder Größen **keine näheren Angaben** gemacht werden: *Das Buch muss man gelesen haben. Jeder Mensch hat einen Vater und eine Mutter.*

- Die häufigsten Indefinitpronomen lauten: *jemand, niemand, etwas, nichts, alle, jeder, kein, manche, mehrere, etliche, man, einige.*
- Im Allgemeinen richten sie sich nach dem Adjektiv oder Substantiv, das sie begleiten: *jeder Mann, manches Kind.*
- Indefinitpronomen können auch als Stellvertreter für ein Substantiv stehen: *Das weiß doch jeder. Manche lernen es nie.*

- Die Pronomen *etwas, man* und *nichts* können nur im Nominativ, Akkusativ oder nach Präpositionen stehen. Sie sind unveränderlich: *Hast du etwas zu essen da? Man weiß es nicht.*

Das Interrogativpronomen

Interrogativpronomen leiten Fragen ein. Das können Ergänzungsfragen *(Wer hat da gerufen?)* oder indirekte Fragesätze *(Ich weiß nicht, wer das gesagt hat.)* sein.

- Die Fragepronomen *wer* (Personen) oder *was* (Sachen) werden als **Stellvertreter des Substantivs** gebraucht. Sie haben nur Singularformen: *Wer ist da? Was ist das? Wessen Hemd ist das? Wem gehört es? Wen siehst du? Was siehst du?*
- Das Fragepronomen *welcher/welche/welches* kommt als Begleiter und Stellvertreter des Substantivs vor, wenn nach Personen oder Sachen gefragt wird und es um eine Auswahl aus einer bestimmten Art oder Menge geht: *Welche Hose soll ich kaufen? Mit welchem Zug kommst du?*
- Mit *was für ein(er)* wird nach der Art oder Beschaffenheit von Personen oder Sachen gefragt. *Was* bleibt unverändert, nur *ein(er)* wird dekliniert: *Was für einen Wein möchten Sie? – Einen Rotwein.*
- Nicht alle Fragewörter sind Pronomen! Wörter wie *wo, wann, warum, womit, wozu* gehören zu den Adverbien.

Das Relativpronomen

Die Relativpronomen *der/die/das* und *welcher/welche/welches* leiten einen **Relativsatz** ein.
Sie stellen eine Beziehung zwischen einem Satzteil des Hauptsatzes und dem Nebensatz her.

- Sie richten sich in Genus und Numerus nach dem Bezugswort im übergeordneten Satz: *Ich sah den Mann, der (welcher) den Brief eingeworfen hat.*
  Wer ist die Frau, die (welche) ich begrüßen soll?
  Er las das Buch, das (welches) ich ihm geschenkt hatte.
  Das ist die Frau, deren Laptop ich gefunden habe.
  Hier ist die Mütze, von der ich gesprochen habe. Man fand das Buch und den Schirm, die er vergessen hatte.

- Die Relativpronomen *wer* oder *was* bezeichnen allgemein eine Person oder Sache und leiten einen Relativsatz ein: *Wer nicht hören will, muss fühlen. Mach, was du willst.*

- Das Relativpronomen *welcher, welche, welches* wird in der gesprochenen Sprache kaum verwendet. In der geschriebenen Sprache findet es sich hauptsächlich, um bei einer Häufung von Relativsätzen zu variieren.

Adjektive

Man unterscheidet drei Arten von Adjektiven:

- **Eigenschaftswörter im eigentlichen Sinn** beschreiben oder bewerten, wie jemand oder etwas beschaffen ist (Farbe, Form, Ausdehnung, Qualität) oder wie etwas vor sich geht: *Rote Rosen mag ich gern. Mit großer Freude habe ich von seiner prächtigen Hochzeit erfahren.*
- **Beziehungsadjektive** drücken eine bestimmte Beziehung zwischen Personen oder Gegenständen aus: *ärztliche Hilfe, die finnischen Seen, technischer Fortschritt.*
- **Zahladjektive**, also Grund-, Ordnungs- und Bruchzahlen, Vervielfältigungszahlen und unbestimmte Zahladjektive: *siebzehn, der erste Januar, drittel, fünffach, viel, wenig, zahllos.*

Die Deklination der Adjektive

Wenn sie als Attribut vor einem Substantiv stehen, werden fast alle Adjektive in **Übereinstimmung mit dem Substantiv** nach Genus, Numerus und Kasus dekliniert. Man unterscheidet drei Deklinationsformen.

Starke Deklination

Sie gilt für das **Adjektiv ohne Artikel** und nach *manch, solch, welch, viel, wenig,* nach *etwas, nichts* und *mehr* sowie *deren/dessen: zwei helle Lichter, bei solch schönem Wetter, mit etwas gutem Willen.*

Schwache Deklination

Sie gilt für das **Adjektiv nach dem bestimmten Artikel** und nach den **Pronomen** *dieser, jener, derselbe, derjenige, jeder* und *welcher: dieser große Korb, jedes blaue Tuch.*

Gemischte Deklination

Sie gilt für das **Adjektiv nach dem unbestimmten Artikel** sowie nach den **Possessivpronomen** *mein, dein, sein, unser, euer, ihr: ein dunkles Bier, eine graue Maus, meine beste Freundin, unser schöner Garten.*

Adjektive ohne Deklinationsformen

Nicht dekliniert werden:

- **Grundzahlen** ab *zwei: die fünf Kontinente*
- **Adjektive** wie *super, sexy, egal, klasse:*
  ein super Essen, ein klasse Auto
- **Ableitungen** von Orts- und Ländernamen:
  die Türme des Ulmer Münsters, zwei Wiener Schnitzel

- **Farbadjektive** wie *rosa, lila: Das Geburtstagsgeschenk war in rosa Geschenkpapier gewickelt.*

Starke Deklination

Sg.	Maskulinum	Femininum	Neutrum
Nom.	heller Tag	helle Nacht	helles Licht
Gen.	hellen Tages	heller Nacht	hellen Lichtes
Dat.	hellem Tag(e)	heller Nacht	hellem Licht
Akk.	hellen Tag	helle Nacht	helles Licht

Pl.	Maskulinum/Femininum/Neutrum
Nom.	helle Tage/Nächte/Lichter
Gen.	heller Tage/Nächte/Lichter
Dat.	hellen Tagen/Nächten/Lichtern
Akk.	helle Tage/Nächte/Lichter

Schwache Deklination

Sg.	Maskulinum	Femininum	Neutrum
Nom.	der helle Tag	die helle Nacht	das helle Licht
Gen.	des hellen Tages	der hellen Nacht	des hellen Lichtes
Dat.	dem hellen Tag(e)	der hellen Nacht	dem hellen Licht
Akk.	den hellen Tag	die helle Nacht	das helle Licht

Pl.	Maskulinum/Femininum/Neutrum
Nom.	die hellen Tage/Nächte/Lichter
Gen.	der hellen Tage/Nächte/Lichter
Dat.	den hellen Tagen/Nächten/Lichtern
Akk.	die hellen Tage/Nächte/Lichter

Gemischte Deklination

Sg.	Maskulinum	Femininum	Neutrum
Nom.	ein heller Tag	eine helle Nacht	ein helles Licht
Gen.	eines hellen Tages	einer hellen Nacht	eines hellen Lichtes
Dat.	einem hellen Tag(e)	einer hellen Nacht	einem hellen Licht
Akk.	einen hellen Tag	eine helle Nacht	ein helles Licht

Pl.	Maskulinum/Femininum/Neutrum
Nom.	keine hellen Tage/Nächte/Lichter
Gen.	keiner hellen Tage/Nächte/Lichter
Dat.	keinen hellen Tagen/Nächten/Lichtern
Akk.	keine hellen Tage/Nächte/Lichter

Die Steigerung der Adjektive

Viele Adjektive können Vergleichs- oder Steigerungsformen bilden. Bei **Vergleichen** im Positiv (Grundstufe, *schnell*) steht *so – wie,* im Komparativ (Höherstufe, *schneller*) *als* und im Superlativ (Höchststufe, *am schnellsten*) *am*: *Ich bin so groß wie du. Ich bin größer als mein Bruder. Meine Schwester ist am größten.*

Komparativ und Superlativ

Komparativ

- Zeichen ist die Endung *-er*: *breit* → *breiter*
- *a*, *o* und *u* werden zu *ä*, *ö* und *ü*: *arm* → *ärmer*, *groß* → *größer*, *jung* → *jünger*

Superlativ

- Zeichen ist die Endung *-st*: *am kleinsten*
- *a*, *o* und *u* werden oft zu *ä*, *ö* und *ü*: *am ärmsten*, *am jüngsten*. Bei einigen Adjektiven wird vor die Superlativendung *-st* ein *-e-* eingeschoben: *am kürzesten*, *am leichtesten*.
- Der Superlativ kann auch ohne einen direkten Vergleich einen sehr **hohen Grad** ausdrücken (Elativ): *Er hatte nicht die geringste Ahnung.*

Unregelmäßige Steigerung

Einige Adjektive haben unregelmäßige Steigerungsformen, z. B. durch ein anderes Wort oder Umlaute: *gut – besser – am besten*, *viel – mehr – am meisten*, *wenig – weniger/minder – am wenigsten/mindesten*.

Adjektive ohne Steigerungsformen

- „absolute" Adjektive: *blind, tot, kinderlos*
- Adjektive, die einen höchsten Grad ausdrücken: *absolut, optimal*
- Formadjektive: *dreieckig, rund*
- Beziehungsadjektive: *karibisch, dortig, jetzig*
- Zahladjektive: *drei, halb, einzig*

Die Verwendung der Adjektive

Adjektive können verschiedene Funktionen im Satz übernehmen.

Attributive Verwendung

Stehen sie **vor dem Substantiv,** werden sie dekliniert und stimmen in Genus, Numerus und Kasus mit dem Substantiv überein: *Gib mir den* ***alten*** *Hut. Es war ein* ***kalter*** *Winter.*

Prädikative Verwendung

Stehen Sie **nach den Verben** *sein, werden* und *bleiben*, werden sie nicht dekliniert: *Sie ist neugierig. Es wird dunkel. Er blieb freundlich.*

Bei Adjektiven im Superlativ wird das Adjektiv dekliniert und mit Artikel gebraucht: *Die Westküste ist die schönste. Dieses Foto ist das neueste.*

Adverbiale Verwendung

Ein Adjektiv kann auch in der **Funktion einer adverbialen Bestimmung** stehen. Es bezieht sich dann auf das Verb und wird nicht dekliniert: *Die Sonne scheint warm vom Himmel. Sie hatte ihn sehnsüchtig erwartet.*

Verwendung als Substantiv

Die meisten Adjektive können **wie Substantive gebraucht** werden. Man schreibt sie dann groß: *Weißt du schon das Neueste? Wir wünschen euch alles Gute! Sie wussten viel Erfreuliches zu berichten. Sie entschied sich für das einzig Richtige.*

Einige substantivierte Adjektive sind zum festen Bestandteil des deutschen Wortschatzes geworden: *der/die Jugendliche, der/die Verwandte, der/die Arbeitslose, das Deutsche.*

Nicht flektierbare Wörter

In vielen Sätzen finden sich nicht flektierbare Wörter. Nicht flektierbare Wörter sind unveränderlich, d. h. es sind Wörter, die sich weder deklinieren noch konjugieren lassen. Dazu gehören Adverbien, Präpositionen und Konjunktionen.

Adverbien

Ein Adverb kann an verschiedenen Stellen im Satz stehen. Es kann nicht dekliniert werden, ist also unveränderlich. Ein Adverb liefert immer zusätzliche inhaltliche Informationen. Es gibt:

- **Lokale Adverbien:** Sie geben einen Ort, eine Herkunft oder ein Ziel an und beantworten die Fragen **wo?, wohin?, woher?:** *da, überall, draußen, links, rechts, dorthin, unten, oben, nirgends, fort.*
- **Temporale Adverbien:** Sie geben einen Zeitpunkt, eine Dauer oder eine Wiederholung an und beantworten die Fragen **wann?, wie lange?:** *montags, abends, wieder, heute, jetzt, sofort, nochmals, bald, spätestens, schließlich, niemals.*
- **Modale Adverbien:** Sie geben die Art und Weise an und beantworten die Fragen **wie?, auf welche Weise?, womit?:** *allein, zusammen, umsonst, beinahe, genau, gern, leider, etwa, anders, sehr.*

- **Kausale Adverbien:** Sie geben den Grund oder die Ursache eines Geschehens oder einer Handlung an und beantworten die Fragen **warum?, wozu?:** *folglich, darum, dennoch, daher, deshalb, demzufolge.*

Die Steigerung der Adverbien

Nur wenige Adverbien lassen sich steigern. Meist werden die Steigerungsformen von einem **anderen Wortstamm** als dem der Grundstufe gebildet *(Ich gehe gern ins Theater, aber noch lieber ins Kino):* *oft* (Positiv) → *öfter/häufiger* (Komparativ) → *am häufigsten* (Superlativ), *gern* → *lieber* → *am liebsten, bald* → *eher/früher/schneller* → *am ehesten/frühesten/schnellsten, sehr* → *mehr* → *am meisten, wohl (= gut)* → *besser/wohler* → *am besten/wohlsten*

Präpositionaladverbien (Pronominaladverbien)

Präpositionaladverbien (Pronominaladverbien) werden häufig wie bestimmte Pronomen stellvertretend für etwas gebraucht. Sie setzen sich aus den **Adverbien** *da, hier* und *wo* + **Präposition** zusammen: *dabei, dahinter, danach, daran, darüber, dazwischen, hierauf, hierdurch, hierunter, woraus, wobei, worüber: Wissen Sie etwas Genaues darüber? Hiermit will ich nichts zu tun haben. Kann ich mich darauf verlassen?*

Präpositionen

Präpositionen sind unveränderlich und bilden mit einem übergeordneten Wort (meist ein Substantiv oder Pronomen) eine **Wortgruppe** (Präpositionalgruppe). Präpositionen bestimmen den Kasus des Substantivs oder Pronomens: *dank deiner Mithilfe* (*dank* → Genitiv). Man kann vier Bedeutungsgruppen unterscheiden nach:

- **dem Ort** (lokal; Fragen **wo?, wohin?**): *an der Straße, auf dem Baum, in die Schule,*
- **der Zeit** (temporal; Frage **wann?**): *an diesem Tag, seit drei Tagen, um 12 Uhr,*
- **dem Grund, Zweck, der Folge** (kausal; Fragen **warum?, wozu?**): *wegen des Feiertags, aus Mitleid, durch stetes Üben,*
- **der Art und Weise** (modal; Frage **wie?**): *mit dem Plan, gegen meinen Willen, gemäß der Vereinbarung.*

Die Stellung der Präpositionen

Es gibt drei Möglichkeiten, wo eine Präposition stehen kann:

- vor dem Bezugsausdruck: *nach Feierabend, mit den Kindern, aus Berlin, hinter dem Schrank, durch die Mitte, wegen einer Krankheit, während des Urlaubs, trotz ihrer Unterstützung,*

- hinter dem Bezugsausdruck: *der Kinder wegen, der Natur zuliebe, der Ordnung halber,*
- in einer Umklammerung des Bezugsausdrucks: *von heute an, um des Friedens willen, nach Süden hin.*

Präpositionen mit Dativ und Akkusativ

Einige Präpositionen können je nach Bedeutung **unterschiedliche Kasus** erfordern:

- Nach den lokalen Präpositionen *an, auf, hinter, in, neben, über, unter, vor* und *zwischen* (Wechselpräpositionen) steht auf die Frage *wo?* der Dativ, auf die Frage *wohin?* der Akkusativ: *Wir stehen auf einer Brücke* (*wo?* → Dativ). *Die Katze klettert auf den Baum* (*wohin?* → Akkusativ).
- Auch *ab* kann mit dem Dativ und dem Akkusativ gebraucht werden. Raumangaben mit *ab* stehen immer mit dem Dativ: *ab der nächsten Station.* Bei Zeit- und Mengenangaben ist auch der Akkusativ möglich, sofern sie ohne Artikel stehen: *ab erstem/ersten Mai* (aber nur: *ab dem ersten Mai*); *Kinder ab drei Jahren/Jahre.*

Verschmelzung von Präposition und Artikel

- Einige Präpositionen können mit Formen des Artikels zu **einem einzigen Wort** verschmelzen: *an/in/bei/von/zu + dem → am/im/beim/vom/zum; an/in + das → ans/ins; zu + der → zur.*

- In zahlreichen **Fügungen** und **festen Wendungen** sind nur diese verschmolzenen Formen möglich: *am schönsten, fürs Erste, aufs Neue, aufs Ganze gehen, hinters Licht führen, etw. nicht übers Herz bringen, sich aufs hohe Ross setzen.*

Konjunktionen

Konjunktionen (Bindewörter) gehören zu den unveränderlichen Wörtern. Sie verbinden Wörter, Sätze und Teile von Sätzen miteinander. Es gibt

- **beiordnende** Konjunktionen *(und, oder, aber, denn, besonders, dagegen, daher, dann, darum, dennoch, deshalb, folglich, insofern, sonst, trotzdem)* und
- **unterordnende** Konjunktionen *(weil, obwohl, dass, ob, nachdem, seitdem, sobald, solange, während, wenn).*

Konjunktionen stellen eine bestimmte inhaltliche Beziehung zwischen den verbundenen Satzteilen her. Neben einfachen Konjunktionen wie *oder, aber, ob* gibt es mehrteilige wie *sowohl – als auch, entweder – oder, einerseits – andererseits.*

Beiordnende Konjunktionen

Beiordnende Konjunktionen verbinden

- **gleichrangige Haupt- und Nebensätze:** *Es klingelte an der Tür, aber sie machte nicht auf. Wir hoffen, dass es dir gut geht und dir der Aufenthalt gefällt.*

- **Wortgruppen:** *sowohl in Rom als auch in Paris, durch List oder durch Gewalt*
- **Wörter:** *auf und ab; rechts oder links; arm, aber glücklich*
- **Wortteile:** *West- und Osteuropa, be- oder entladen*

Beiordnende Konjunktionen übernehmen verschiedene Funktionen:

- Reihung, Zusammenfassung: *und, (so)wie, sowohl – als/wie, sowohl – als/wie auch,*
- Angabe von Alternativen: *oder, entweder – oder,*
- Gegensatz, Einschränkung: *aber, (je)doch, sondern,*
- Grund: *denn.*

Bei **Vergleichen** stehen *als* und *wie: Er ist größer als sein Freund. Das Wetter ist so schön wie gestern.*

Unterordnende Konjunktionen

Unterordnende Konjunktionen leiten einen Nebensatz ein: *Ich gehe spazieren, weil die Sonne scheint. Obwohl das Wetter heute schlecht ist, bin ich guter Laune.*

Sie übernehmen verschiedene Funktionen und können angeben:

- einen **Zeitpunkt** (temporal): *als, bevor, bis, nachdem, sobald, während,*
- einen **Grund** (kausal): *da, weil, zumal,*

- einen **Zweck** (final): *damit, dass, um zu,*
- eine **Bedingung** (konditional): *falls, wenn, sofern, soweit,*
- einen **Gegensatz** (konzessiv): *obwohl, obgleich, wenn auch,*
- eine **Art und Weise** (modal): *als ob, indem, wie, dadurch dass.*
- Ohne eigene Bedeutung: *dass, ob.*

Unterordnende Konjunktionen, die Infinitivgruppen einleiten, werden auch **Infinitivkonjunktionen** genannt. Dazu gehören: *ohne, (an)statt, um: Sie entschieden sich, **ohne** mit der Wimper zu zucken. **Statt** sich zu beeilen, trödelte er. Die Mannschaft kämpfte, **um** das Spiel doch noch zu gewinnen.*

Verben

Ein Verb bezeichnet immer eine Handlung, einen Vorgang oder einen Zustand. Für alle Verben gilt: Sie werden kleingeschrieben und können konjugiert (gebeugt) werden.

Es gibt **Hilfsverben, Modalverben** und **Vollverben.**

Hilfsverben: *haben, sein, werden*

Modalverben: *können, mögen, dürfen, sollen, müssen, wollen*

Vollverben: *rennen, singen, antworten, frieren, stehen* u. v. m.

Die Hilfsverben *haben, sein, werden*

Die Hilfsverben *haben, sein, werden* kommen zusammen mit einem Vollverb vor und dienen dazu, bestimmte Zeitformen und das Passiv zu bilden: *Sie haben geschlafen/sind aufgewacht/wurden geweckt.* Sie können auch als Vollverben auftreten: *Ich habe Mut. Du bist schön.*

haben

	Indikativ	Konjunktiv I
Präsens	ich habe	ich habe
	du hast	du habest
	er hat	er habe
	wir haben	wir haben
	ihr habt	ihr habet
	sie haben	sie haben
	Indikativ	**Konjunktiv II**
Präteritum	ich hatte	ich hätte
	du hattest	du hättest
	er hatte	er hätte
	wir hatten	wir hätten
	ihr hattet	ihr hättet
	sie hatten	sie hätten
	Indikativ	**Konjunktiv I**
Perfekt	ich habe gehabt	ich habe gehabt
	du hast gehabt	du habest gehabt
	er hat gehabt	er habe gehabt
	wir haben gehabt	wir haben gehabt
	ihr habt gehabt	ihr habet gehabt
	sie haben gehabt	sie haben gehabt
	Indikativ	**Konjunktiv II**
Plusquamperfekt	ich hatte gehabt	ich hätte gehabt
	du hattest gehabt	du hättest gehabt
	er hatte gehabt	er hätte gehabt
	wir hatten gehabt	wir hätten gehabt
	ihr hattet gehabt	ihr hättet gehabt
	sie hatten gehabt	sie hätten gehabt

haben

Futur I

Indikativ	Konjunktiv I
ich werde haben	ich werde haben
du wirst haben	du werdest haben
er wird haben	er werde haben
wir werden haben	wir werden haben
ihr werdet haben	ihr werdet haben
sie werden haben	sie werden haben

Futur II

Indikativ		Konjunktiv I	
ich werde	gehabt haben	ich werde	gehabt haben
du wirst		du werdest	
er wird		er werde	
wir werden		wir werden	
ihr werdet		ihr werdet	
sie werden		sie werden	

Infinitiv Präsens: haben

Infinitiv Perfekt: gehabt haben

Partizip I: habend

Partizip II: gehabt

Imperativ: hab(e)! habt! / haben Sie!

sein

	Indikativ	Konjunktiv I
Präsens	ich bin	ich sei
	du bist	du sei(e)st
	er ist	er sei
	wir sind	wir seien
	ihr seid	ihr seiet
	sie sind	sie seien

	Indikativ	Konjunktiv II
Präteritum	ich war	ich wäre
	du warst	du wär(e)st
	er war	er wäre
	wir waren	wir wären
	ihr wart	ihr wär(e)t
	sie waren	sie wären

	Indikativ	Konjunktiv I
Perfekt	ich bin gewesen	ich sei gewesen
	du bist gewesen	du sei(e)st gewesen
	er ist gewesen	er sei gewesen
	wir sind gewesen	wir seien gewesen
	ihr seid gewesen	ihr seiet gewesen
	sie sind gewesen	sie seien gewesen

	Indikativ	Konjunktiv II
Plusquamperfekt	ich war gewesen	ich wäre gewesen
	du warst gewesen	du wär(e)st gewesen
	er war gewesen	er wäre gewesen
	wir waren gewesen	wir wären gewesen
	ihr wart gewesen	ihr wär(e)t gewesen
	sie waren gewesen	sie wären gewesen

sein

Futur I

Indikativ	Konjunktiv I
ich werde sein	ich werde sein
du wirst sein	du werdest sein
er wird sein	er werde sein
wir werden sein	wir werden sein
ihr werdet sein	ihr werdet sein
sie werden sein	sie werden sein

Futur II

Indikativ		Konjunktiv I	
ich werde	gewesen sein	ich werde	gewesen sein
du wirst		du werdest	
er wird		er werde	
wir werden		wir werden	
ihr werdet		ihr werdet	
sie werden		sie werden	

Infinitiv Präsens:
sein

Infinitiv Perfekt:
gewesen sein

Partizip I: seiend

Partizip II: gewesen

Imperativ: sei! seid! / seien Sie!

werden

Präsens

Indikativ	Konjunktiv I
ich werde	ich werde
du wirst	du werdest
er wird	er werde
wir werden	wir werden
ihr werdet	ihr werdet
sie werden	sie werden

Präteritum

Indikativ	Konjunktiv II
ich wurde	ich würde
du wurdest	du würdest
er wurde	er würde
wir wurden	wir würden
ihr wurdet	ihr würdet
sie wurden	sie würden

Perfekt

Indikativ	Konjunktiv I
ich bin geworden	ich sei geworden
du bist geworden	du sei(e)st geworden
er ist geworden	er sei geworden
wir sind geworden	wir seien geworden
ihr seid geworden	ihr seiet geworden
sie sind geworden	sie seien geworden

Plusquamperfekt

Indikativ	Konjunktiv II
ich war geworden	ich wäre geworden
du warst geworden	du wär(e)st geworden
er war geworden	er wäre geworden
wir waren geworden	wir wären geworden
ihr wart geworden	ihr wär(e)t geworden
sie waren geworden	sie wären geworden

werden

Futur I

Indikativ	Konjunktiv I
ich werde werden	ich werde werden
du wirst werden	du werdest werden
er wird werden	er werde werden
wir werden werden	wir werden werden
ihr werdet werden	ihr werdet werden
sie werden werden	sie werden werden

Futur II

Indikativ		Konjunktiv I	
ich werde		ich werde	
du wirst		du werdest	
er wird	geworden	er werde	geworden
wir werden	sein	wir werden	sein
ihr werdet		ihr werdet	
sie werden		sie werden	

Infinitiv Präsens: werden

Infinitiv Perfekt: (ge)worden sein

Partizip I: werdend

Partizip II: worden (als Vollverb: geworden)

Imperativ: werd(e)! werdet! / werden Sie!

Die Modalverben und *wissen*

Modalverben in Verbindung mit einem Vollverb im Infinitiv drücken aus, dass etwas möglich, notwendig, gewollt, erlaubt, gefordert ist: *Können wir uns treffen? Ich muss den Termin absagen. Darf ich rauchen?*
Die mehrgliedrigen Formen werden mit *haben* (Perfekt, Plusquamperfekt: *ich habe/hatte ... dürfen*) bzw. *werden* (Futur I und II: *ich werde können / werde haben ... dürfen*) gebildet.

Es gibt sechs Modalverben:

- *können:* Möglichkeit/Fähigkeit
- *mögen:* (höflicher) Wunsch
- *dürfen:* Erlaubnis
- *sollen:* Verpflichtung
- *müssen:* Pflicht/Notwendigkeit
- *wollen:* Wunsch/Absicht

Das Verb *wissen* ist kein Modalverb.

	dürfen	können	mögen
Indikativ Präsens	ich darf	ich kann	ich mag
	du darfst	du kannst	du magst
	er darf	er kann	er mag
	wir dürfen	wir können	wir mögen
	ihr dürft	ihr könnt	ihr mögt
	sie dürfen	sie können	sie mögen
Konjunktiv I	ich dürfe	ich könne	ich möge
	du dürfest	du könnest	du mögest
	er dürfe	er könne	er möge
	wir dürfen	wir können	wir mögen
	ihr dürfet	ihr könnet	ihr möget
	sie dürfen	sie können	sie mögen
Indikativ Prät.	ich durfte	ich konnte	ich mochte
	du durftest	du konntest	du mochtest
	er durfte	er konnte	er mochte
	wir durften	wir konnten	wir mochten
	ihr durftet	ihr konntet	ihr mochtet
	sie durften	sie konnten	sie mochten
Konjunktiv II	ich dürfte	ich könnte	ich möchte
	du dürftest	du könntest	du möchtest
	er dürfte	er könnte	er möchte
	wir dürften	wir könnten	wir möchten
	ihr dürftet	ihr könntet	ihr möchtet
	sie dürften	sie könnten	sie möchten
Part. II*	gedurft	gekonnt	gemocht

* Die Formen des Partizips II treten nur auf, wenn die Modalverben als Vollverben gebraucht werden. Sonst steht der Ersatzinfinitiv.

	müssen	sollen	wollen	wissen
Indikativ Präsens	ich muss	ich soll	ich will	ich weiß
	du musst	du sollst	du willst	du weißt
	er muss	er soll	er will	er weiß
	wir müssen	wir sollen	wir wollen	wir wissen
	ihr müsst	ihr sollt	ihr wollt	ihr wisst
	sie müssen	sie sollen	sie wollen	sie wissen
Konjunktiv I	ich müsse	ich solle	ich wolle	ich wisse
	du müssest	du sollest	du wollest	du wissest
	er müsse	er solle	er wolle	er wisse
	wir müssen	wir sollen	wir wollen	wir wissen
	ihr müsset	ihr sollet	ihr wollet	ihr wisset
	sie müssen	sie sollen	sie wollen	sie wissen
Indikativ Prät.	ich musste	ich sollte	ich wollte	ich wusste
	du musstest	du solltest	du wolltest	du wusstest
	er musste	er sollte	er wollte	er wusste
	wir mussten	wir sollten	wir wollten	wir wussten
	ihr musstet	ihr solltet	ihr wolltet	ihr wusstet
	sie mussten	sie sollten	sie wollten	sie wussten
Konjunktiv II	ich müsste	ich sollte	ich wollte	ich wüsste
	du müsstest	du solltest	du wolltest	du wüsstest
	er müsste	er sollte	er wollte	er wüsste
	wir müssten	wir sollten	wir wollten	wir wüssten
	ihr müsstet	ihr solltet	ihr wolltet	ihr wüsstet
	sie müssten	sie sollten	sie wollten	sie wüssten
Part. II*	gemusst	gesollt	gewollt	gewusst

* Die Formen des Partizips II treten nur auf, wenn die Modalverben als Vollverben gebraucht werden. Sonst steht der Ersatzinfinitiv.

Die Vollverben

Vollverben können im Satz sinnvoll alleine stehen: *Ich lese ein Buch.* Nach ihrer Grundbedeutung unterscheidet man drei Gruppen von Vollverben:

- **Tätigkeitsverben:** *arbeiten, besuchen, lesen*
- **Vorgangsverben:** *einschlafen, regnen, wachsen*
- **Zustandsverben:** *frieren, denken, lieben*

Verben im Satz

Reflexive Verben

Sie haben ein **Reflexivpronomen** bei sich, das sich auf das Subjekt des Satzes zurückbezieht: *Er bedankt sich. Freust du dich nicht?*
Unechte reflexive Verben können statt mit einem Reflexivpronomen auch mit einem Substantiv oder Pronomen gebraucht werden: *Er ärgert sich* sowie: *Er ärgert seinen Bruder / ihn.*

Transitive Verben

Transitive Verben haben

- ein **Akkusativobjekt** (Frage: *wen* oder *was?*) bei sich und
- können das **Passiv** bilden: *Die Feuerwehr löschte den Brand* (→ Der Brand wurde gelöscht). *Sie holt den Besuch vom Bahnhof ab* (→ Der Besuch wird abgeholt).

Intransitive Verben

Intransitive Verben haben entweder

- **kein Objekt:** *Sie schläft,*
- ein **Objekt im Dativ** oder **Genitiv:** *Ich helfe ihm* oder
- ein **Objekt mit Präposition:** *Er steht auf der Brücke.*

Achtung: Viele transitive Verben können auch intransitiv gebraucht werden: *Ich koche Nudeln. Ich koche gern.*

Die Konjugation der Vollverben

Aus den drei Verbformen Infinitiv *(sagen),* 1. Person Singular Präteritum *(sagte)* und Partizip II *(gesagt),* den **Stammformen** eines Verbs, können alle anderen Formen abgeleitet werden.
Die wichtigsten Unterschiede in der Konjugation bestehen im Präteritum und im Partizip II. Man unterscheidet drei Konjugationen: die regelmäßige, die unregelmäßige und die gemischte.

Die regelmäßige (schwache) Konjugation

- Bei den schwachen Verben bleibt der Stammvokal stets gleich.
- Das Präteritum wird mit *-t-* zwischen dem Stamm und den Endungen gebildet.

- Das Partizip II wird mit der Vorsilbe *ge-* und der Endung *-t* gebildet:
  glauben – glaubte – geglaubt,
  kochen – kochte – gekocht.

Die unregelmäßige (starke) Konjugation

- Hier verändert sich im Präteritum der Stammvokal (Ablaut, z. B. *i/a-* oder *ie/o*-Wechsel),
- das Partizip II wird mit der Vorsilbe *ge-* und der Endung *-en* gebildet: *finden – fand – gefunden, fliegen – flog – geflogen.*

Die gemischte Konjugation

- Hier herrscht im Präteritum und im Partizip II Vokal- (und Konsonanten-)Wechsel,
- die Endungen werden wie bei der regelmäßigen Konjugation gebildet: *nennen – nannte – genannt, denken – dachte – gedacht.*

Lautliche Besonderheiten

- **e-Einschub vor der Endung** bei Verben mit Stamm auf *d* oder *t*: *du find-e-st, ihr hielt-e-t* und bei Verben mit Stamm auf Konsonant + *m* oder *n* (außer *lm, ln, rm, rn*): *du atm-e-st, sie rechn-e-t* (aber: *du lern-st, du qualm-st*);
- **s-Ausfall** bei Verben, deren Stamm auf *s, ß, ss, x* oder *z* endet: *reisen → du reist, mixen → du mixt, reizen → du reizt*; das *s* bleibt erhalten, wenn der Verbstamm auf *sch* endet: *du wäschst, du herrschst;*

- **e-Ausfall** bei Verben auf *-eln* und *-ern* in der 1. und 3. Person Plural Präsens: *handeln → wir handeln / sie handeln, ändern → wir ändern / sie ändern;* bei Verben auf *-eln* auch in der 1. Person Singular Präsens und im Imperativ Singular: *ich handle, ich lächle, handle!, lächle!;* bei Verben auf *-ern* bleibt das *e* meist erhalten: *ich ändere, ich wandere, ändere!, wandere!*

- **Umlaut** bei den meisten unregelmäßigen Verben mit dem Stammvokal *a, au* oder *o* im Infinitiv in der 2. und 3. Person Singular Präsens: *tragen → du trägst, laufen → du läufst, stoßen → du stößt / er stößt;*

- **e/i-Wechsel** bei den meisten unregelmäßigen Verben mit *e* im Infinitivstamm in der 2. und 3. Person Singular Präsens und im Imperativ Singular: *geben → du gibst / er gibt / gib!, nehmen → du nimmst / er nimmt / nimm!*

Konjugationstabelle Aktiv

Regelmäßige (schwache) Konjugation: *fragen*

	Indikativ	Konjunktiv I
Präsens	ich frage	ich frage
	du fragst	du fragest
	er fragt	er frage
	wir fragen	wir fragen
	ihr fragt	ihr fraget
	sie fragen	sie fragen

	Indikativ	Konjunktiv II
Präteritum	ich fragte	ich fragte
	du fragtest	du fragtest
	er fragte	er fragte
	wir fragten	wir fragten
	ihr fragtet	ihr fragtet
	sie fragten	sie fragten

	Indikativ	Konjunktiv I
Perfekt	ich habe gefragt	ich habe gefragt
	du hast gefragt	du habest gefragt
	er hat gefragt	er habe gefragt
	wir haben gefragt	wir haben gefragt
	ihr habt gefragt	ihr habet gefragt
	sie haben gefragt	sie haben gefragt

	Indikativ	Konjunktiv II
Plusquamperfekt	ich hatte gefragt	ich hätte gefragt
	du hattest gefragt	du hättest gefragt
	er hatte gefragt	er hätte gefragt
	wir hatten gefragt	wir hätten gefragt
	ihr hattet gefragt	ihr hättet gefragt
	sie hatten gefragt	sie hätten gefragt

Regelmäßige (schwache) Konjugation: *fragen*

Futur I

	Indikativ	Konjunktiv I
	ich werde fragen	ich werde fragen
	du wirst fragen	du werdest fragen
	er wird fragen	er werde fragen
	wir werden fragen	wir werden fragen
	ihr werdet fragen	ihr werdet fragen
	sie werden fragen	sie werden fragen

Futur II

Indikativ		Konjunktiv I	
ich werde	gefragt haben	ich werde	gefragt haben
du wirst		du werdest	
er wird		er werde	
wir werden		wir werden	
ihr werdet		ihr werdet	
sie werden		sie werden	

Infinitiv Präsens: fragen

Infinitiv Perfekt: gefragt haben

Partizip I: fragend

Partizip II: gefragt

Imperativ: frag(e)! fragt! / fragen Sie!

Unregelmäßige (starke) Konjugation: *kommen*

	Indikativ	Konjunktiv I
Präsens	ich komme	ich komme
	du kommst	du kommest
	er kommt	er komme
	wir kommen	wir kommen
	ihr kommt	ihr kommet
	sie kommen	sie kommen

	Indikativ	Konjunktiv II
Präteritum	ich kam	ich käme
	du kamst	du käm(e)st
	er kam	er käme
	wir kamen	wir kämen
	ihr kamt	ihr käm(e)t
	sie kamen	sie kämen

	Indikativ	Konjunktiv I
Perfekt	ich bin gekommen	ich sei gekommen
	du bist gekommen	du sei(e)st gekommen
	er ist gekommen	er sei gekommen
	wir sind gekommen	wir seien gekommen
	ihr seid gekommen	ihr seiet gekommen
	sie sind gekommen	sie seien gekommen

	Indikativ	Konjunktiv II
Plusquamperfekt	ich war gekommen	ich wäre gekommen
	du warst gekommen	du wär(e)st gekommen
	er war gekommen	er wäre gekommen
	wir waren gekommen	wir wären gekommen
	ihr wart gekommen	ihr wär(e)t gekommen
	sie waren gekommen	sie wären gekommen

Unregelmäßige (starke) Konjugation: *kommen*

Futur I

Indikativ	Konjunktiv I
ich werde kommen	ich werde kommen
du wirst kommen	du werdest kommen
er wird kommen	er werde kommen
wir werden kommen	wir werden kommen
ihr werdet kommen	ihr werdet kommen
sie werden kommen	sie werden kommen

Futur II

Indikativ		Konjunktiv I	
ich werde		ich werde	
du wirst		du werdest	
er wird	gekommen	er werde	gekommen
wir werden	sein	wir werden	sein
ihr werdet		ihr werdet	
sie werden		sie werden	

Infinitiv Präsens: kommen

Infinitiv Perfekt: gekommen sein

Partizip I: kommend

Partizip II: gekommen

Imperativ: komm(e)! kommt! / kommen Sie!

Konjugationstabelle Passiv

Die Passivformen werden gebildet aus der konjugierten Form des Hilfsverbs *werden* und dem Partizip II. In den folgenden vereinfachten Mustern ist nur die 3. Person Singular Präsens aufgeführt. Die übrigen Personalformen können leicht ergänzt werden.

Vorgangspassiv mit *werden*

	Indikativ	Konjunktiv
Präsens	er wird gefragt	Konjunktiv I: er werde gefragt
Präteritum	er wurde gefragt	Konjunktiv II: er würde gefragt
Perfekt	er ist gefragt worden	Konjunktiv I: er sei gefragt worden
Plusquamperfekt	er war gefragt worden	Konjunktiv II: er wäre gefragt worden
Futur I	er wird gefragt werden	Konjunktiv I: er werde gefragt werden
Futur II	er wird gefragt worden sein	Konjunktiv I: er werde gefragt worden sein

Infinitiv Präsens: gefragt werden

Infinitiv Perfekt: gefragt worden sein

Zustandspassiv mit *sein*

	Indikativ	**Konjunktiv I**
Präsens	er ist gefragt	er sei gefragt
	Indikativ	**Konjunktiv II**
Präteritum	er war gefragt	er wäre gefragt
	Indikativ	**Konjunktiv I**
Perfekt	er ist gefragt gewesen	er sei gefragt gewesen
	Indikativ	**Konjunktiv II**
Plusquamperfekt	er war gefragt gewesen	er wäre gefragt gewesen
	Indikativ	**Konjunktiv I**
Futur I	er wird gefragt sein	er werde gefragt sein
	Indikativ	**Konjunktiv I**
Futur II	er wird gefragt gewesen sein	er werde gefragt gewesen sein

Infinitiv Präsens: gefragt sein

Infinitiv Perfekt: gefragt gewesen sein

Die gebräuchlichsten unregelmäßigen Verben

In der 1. Stammform wird die 2. Person Singular Präsens ergänzt, wenn Umlaut oder *e/i*-Wechsel auftritt; bei der 2. Stammform wird der Konjunktiv II genannt, wenn er einen Umlaut hat; bei der 3. Stammform wird angegeben, ob das Perfekt mit *haben* oder mit *sein* gebildet wird.

1. Stammform Infinitiv	2. Stammform Präteritum	3. Stammform Partizip II
beginnen	begann (begänne/begönne)	hat begonnen
bitten	bat (bäte)	hat gebeten
bleiben	blieb	ist geblieben
brechen (du brichst)	brach (bräche)	hat/ist gebrochen
bringen	brachte (brächte)	hat gebracht
denken	dachte (dächte)	hat gedacht
essen (du isst)	aß (äße)	hat gegessen
fahren (du fährst)	fuhr (führe)	hat/ist gefahren
fallen (du fällst)	fiel	ist gefallen
finden	fand (fände)	hat gefunden
fliegen	flog (flöge)	hat/ist geflogen
geben (du gibst)	gab (gäbe)	hat gegeben

1. Stammform Infinitiv	2. Stammform Präteritum	3. Stammform Partizip II
gehen	ging	ist gegangen
geschehen (es geschieht)	geschah (geschähe)	ist geschehen
halten (du hältst)	hielt	hat gehalten
hängen	hing	hat gehangen
heben	hob (höbe)	hat gehoben
heißen	hieß	hat geheißen
helfen (du hilfst)	half (hülfe/hälfe)	hat geholfen
kennen	kannte (kennte)	hat gekannt
kommen	kam (käme)	ist gekommen
laufen (du läufst)	lief	ist gelaufen
lesen (du liest)	las (läse)	hat gelesen
liegen	lag (läge)	hat gelegen
nehmen (du nimmst)	nahm (nähme)	hat genommen
rufen	rief	hat gerufen
scheinen	schien	hat geschienen
schlafen (du schläfst)	schlief	hat geschlafen
schreiben	schrieb	hat geschrieben

1. Stammform Infinitiv	2. Stammform Präteritum	3. Stammform Partizip II
sehen (du siehst)	sah (sähe)	hat gesehen
senden	sandte (sendete)	hat gesandt
singen	sang (sänge)	hat gesungen
sitzen	saß (säße)	hat gesessen
sprechen (du sprichst)	sprach (spräche)	hat gesprochen
stehen	stand (stünde/stände)	hat gestanden
tragen (du trägst)	trug (trüge)	hat getragen
tun	tat (täte)	hat getan
waschen (du wäschst)	wusch (wüsche)	hat gewaschen
ziehen	zog (zöge)	hat/ist gezogen

Veränderliche Verbformen

Verbformen, die in Person und Numerus mit dem Subjekt eines Satzes übereinstimmen, heißen **Personalformen** (finite oder konjugierte Verbformen).
Die Personalform eines Verbs gibt Auskunft über:

- **Person:** 1., 2., 3. Person *(Wer handelt?)*
- **Numerus (Zahl):** Singular/Plural *(Wie viele handeln?)*
- **Tempus (Zeitform):** Präsens, Perfekt, Präteritum, Plusquamperfekt, Futur I, Futur II *(Wann geschieht etwas?)*
- **Genus Verbi (Handlungsart):** Aktiv *(Tut die Person etwas?)*, Passiv *(Wird etwas getan?)*
- **Modus (Aussageweise):** Indikativ *(Geschieht etwas wirklich?)*, Konjunktiv I und II *(Ist es möglich, dass etwas geschieht?)*, Imperativ *(Aufforderung, etwas zu tun)*

Das Tempus

Im Deutschen gibt es **sechs Zeitformen:** Präsens, Perfekt, Präteritum, Plusquamperfekt, Futur I, Futur II.

Das Präsens (Gegenwartsform)

Gebrauch:

- Das Präsens bezeichnet ein Geschehen, das sich gerade ereignet: *Ich fahre gerade nach Hause.*
- Es steht bei Aussagen, die allgemein und immer gültig sind: *Zwei mal drei ist sechs.*
- Es kann ein zukünftiges Geschehen bezeichnen: *Bald fliege ich nach Rom.*
- Es kann für vergangene Geschehen verwendet werden (historisches Präsens): *Im Jahre 55 v. Chr. landen die Römer in Britannien.*

Bildung:

Das Präsens wird mit dem Wortstamm (Präsensstamm) und den Personalendungen *-e, -st, -t, -en, -t, -en* gebildet. Es wird allein mit dem Vollverb gebildet und daher auch einfache Tempusform genannt.

Das Perfekt (vollendete Gegenwartsform)

Gebrauch:

- Das Perfekt schildert ein Geschehen, das zwar in der Vergangenheit abgeschlossen ist, dessen Folgen aber noch bis in die Gegenwart reichen: *Ich habe letzte Nacht acht Stunden geschlafen.* (Folge: Jetzt bin ich fit.) *Es hat die ganze Nacht geregnet.* (Folge: Der Rasen ist nun völlig aufgeweicht.)

- Es wird weitgehend in der gesprochenen Sprache als Vergangenheitstempus verwendet.

Bildung:

- Es wird mit einer konjugierten Präsensform des Hilfsverbs *haben* oder *sein* + Partizip II gebildet. Man spricht deshalb von einer zusammengesetzten Tempusform.
  - Die meisten Verben, vor allem die reflexiven Verben, die transitiven Verben und die Modalverben, bilden das Perfekt mit *haben: ich habe mich gewaschen.*
  - Die Verben der Orts- und Zustandsveränderung wie *gehen* sowie *sein, werden, bleiben, passieren, geschehen* stehen mit *sein: ich bin gegangen, ich bin geblieben, es ist passiert.*

Das Präteritum (Vergangenheitsform)

Gebrauch:

- Das Präteritum bezeichnet ein Geschehen, das vergangen und abgeschlossen ist: *Gestern aß ich einen Apfel.*
- Es ist das sogenannte Erzähltempus (z. B. für Märchen): *Es war einmal eine Prinzessin.* Es kennzeichnet unausgesprochene Gedanken (erlebte Rede): *Wie konnte das geschehen?*
- Es wird meist in der geschriebenen Sprache verwendet.

Bildung:

Das Präteritum ist eine einfache Tempusform. An der Bildung der Präteritumform erkennt man die Konjugationsklasse, zu der ein Verb gehört:

- regelmäßige Verben bilden das Präteritum mit Stamm + *t* + Endung: *glauben* → *glaubte,*
- unregelmäßige Verben bilden es mit der Veränderung des Stammvokals: *schlafen* → *schlief,*
- die Verben der gemischten Konjugation verändern den Stammvokal und fügen *t* + Endung an: *nennen* → *nannte.*

Das Plusquamperfekt (vollendete Vergangenheitsform)

Gebrauch:

- Das Plusquamperfekt dient der Darstellung eines abgeschlossenen Geschehens: *Ich hatte gespielt.*
- Es bezeichnet in Verbindung mit dem Präteritum die Vorzeitigkeit zum Geschehen in der Vergangenheit: *Als er kam, waren seine Freunde schon gegangen.*

Bildung:

- Es wird gebildet mit dem Präteritum der Hilfsverben *haben* oder *sein* + Partizip II und gehört zu den zusammengesetzten Tempusformen.

Das Futur I (Zukunftsform)

Gebrauch:

- Es bezeichnet ein Geschehen, das in der Zukunft liegt, also noch nicht stattgefunden hat: *Ich werde dich bald besuchen.*
- Es kann eine Vermutung ausdrücken: *Das wird nicht gut gehen.*
- Es kann eine nachdrückliche Aufforderung bedeuten: *Du wirst jetzt damit aufhören!*

Bildung:

- Das Futur I wird gebildet mit den Präsensformen des Hilfsverbs *werden* + Infinitiv (zusammengesetzte Tempusform).

Das Futur II (vollendete Zukunftsform)

Gebrauch:

- Es bezeichnet ein Geschehen, das in der Zukunft als bereits abgeschlossen angesehen wird: *Bis morgen werde ich die Aufgabe erledigt haben.*
- Es wird nur selten verwendet und häufig durch das Perfekt ersetzt: *Bis morgen habe ich die Aufgabe erledigt.*

Bildung:

- Das Futur II wird gebildet aus den Futurformen der Hilfsverben *haben* oder *sein* + Partizip II, ist also eine aus drei Teilen zusammengesetzte Tempusform.

Das Genus Verbi

Das **Aktiv** betont den Täter oder Urheber eines Geschehens: *Der Hund beißt den Postboten.*
Die Schüler wählten einen Klassensprecher.
Das **Passiv** betont einen Vorgang: *Der Postbote wurde vom Hund gebissen. Der Klassensprecher wurde von den Schülern gewählt.*

Vorgangs- und Zustandspassiv

Das **Vorgangspassiv** beschreibt einen Vorgang oder eine Handlung. Es wird gebildet mit der konjugierten Form von *werden* + Partizip II: *Der Kuchen wird gegessen.*

Wird der Handelnde genannt, wird er mit *von* oder *durch* angeschlossen: *Die Rechnung ist von mir bezahlt worden. Das Haus ist durch eine Bombe zerstört worden.*

Das **Zustandspassiv** dagegen beschreibt einen Zustand bzw. ein Ergebnis. Es wird gebildet mit der konjugierten Form von *sein* + Partizip II: *Der Kuchen ist gegessen.*

Persönliches und unpersönliches Passiv

Beim **persönlichen Passiv** wird derjenige, der von der Handlung betroffen ist, genannt und ist Subjekt des Satzes: *Der Patient wird geheilt.*

- Es kann nur von transitiven Verben gebildet werden, also Verben, die ein Akkusativobjekt bei sich haben: *ein Kind (wen?) loben → das Kind wird gelobt.*

- Von intransitiven Verben wie *helfen, schlafen, warten* kann kein persönliches Passiv gebildet werden, ebenso wenig von reflexiven Verben wie *sich ärgern, sich waschen.*

Beim **unpersönlichen Passiv** wird derjenige, der von der Handlung betroffen ist, nicht genannt. Stattdessen steht *es* als Platzhalter für das Subjekt: *Es wurde ständig geredet.*

Es kann aber auch fehlen: *Da wird die ganze Zeit geflüstert. Oft ist geklatscht worden.*

Der Modus

Verben können durch ihren Modus ausdrücken, ob es sich um eine reale Tatsache, einen Wunsch oder eine Aufforderung handelt.

Im Deutschen gibt es drei Modi: den **Indikativ**, den **Konjunktiv** sowie den **Imperativ.**

Der Indikativ

- Der Indikativ gilt als die Normalform sprachlicher Äußerungen. Er stellt einen **Sachverhalt** neutral als gegeben dar: *Peter **hat** das Abitur **bestanden** und **geht** jetzt auf die Universität.*
- Ein solcher Sachverhalt kann wie im Märchen „nur“ ausgedacht oder allgemeingültig sein: *Die Fee **hob** den Zauberstab. Lügen **haben** kurze Beine.*

Der Konjunktiv I

Gebrauch:

- Der Konjunktiv I wird vorwiegend in der offiziellen **Schriftsprache** verwendet.
- Er wird in Aussagen verwendet, die einen **Wunsch**, eine **Aufforderung** oder einen **Ausruf** ausdrücken: *Er **ruhe** in Frieden. Man **nehme** drei Eier. Sie **lebe** hoch!*
- Man gebraucht seine Formen in der **indirekten Rede:**
  - Der Konjunktiv I steht, unabhängig von der Zeitform des Verbs im Hauptsatz, immer in derselben Zeit wie die entsprechende direkte Rede: *Linda: „Ich **bin** krank." → Linda sagt/sagte/wird sagen, dass sie krank **sei**. Peter: „Ich **habe** nichts gesehen." → Peter behauptet/behauptete/wird behaupten, er **habe** nichts gesehen.*
  - Lautet der Konjunktiv I mit dem Indikativ gleich, wird in der indirekten Rede der Konjunktiv II verwendet, um Unklarheiten und Missverständnisse zu vermeiden: *Sie sagt: „Wir kommen heute Abend."* → *Sie sagte, sie **kämen*** (Konjunktiv II) *heute Abend* statt: *Sie sagte, sie **kommen*** (Indikativ = Konjunktiv I) *heute Abend.*
  - Oft wird in der gesprochenen Sprache der Indikativ gesetzt, wenn der Nebensatz durch *dass* oder ein Fragewort eingeleitet wird: *Sie sagte, dass sie **kommt*** (statt: *komme*).

Bildung:

- Der Konjunktiv I wird gebildet vom Präsensstamm des Verbs und mit den Endungen *-e, -est, -e, -en, -et, -en: er geht → er gehe.*
- Er kann sich auf die Zeitstufen der Gegenwart, der Vergangenheit und der Zukunft beziehen. Entsprechend gibt es die Formen des Konjunktivs I in den Zeitformen:
  - Präsens: *Sie sagt, sie gehe gerade spazieren.*
  - Perfekt: *Sie sagt, sie sei gestern spazieren gegangen.*
  - Futur: *Sie sagt, sie werde morgen spazieren gehen.*

Der Konjunktiv II

Gebrauch:

Der Konjunktiv wird gebraucht,

- wenn etwas nur vorgestellt und **nicht wirklich** ist: *Stell dir vor, es wären Ferien,*
- zum Ausdruck eines **unerfüllbaren Wunsches:** *Hätte ich es doch schon hinter mir!,*
- in **irrealen Bedingungssätzen** (Konditionalsätzen): *Wenn ich Zeit hätte, käme ich mit* (aber ich habe keine Zeit),
- in **irrealen Vergleichssätzen:** *Er rannte, als wenn es um sein Leben ginge,*
- in **höflichen oder vorsichtigen Formulierungen:** *Hätten Sie Zeit? Ich würde sagen ...*

Bildung:

- Der Konjunktiv II wird gebildet vom Präteritumstamm des Verbs und mit den Endungen *-e, -est, -e, -en, -et, -en: sie lief → sie liefe.*
- Er kann gebildet werden:
  - im Präteritum: *Wir **kämen** gerne, wenn wir **könnten**,*
  - im Plusquamperfekt: *Wir **wären** gerne **gekommen**, wenn wir **gekonnt hätten**.*

Die Umschreibung des Konjunktivs II mit *würde*:

- Bei allen schwachen Verben und bei einigen starken Verben sind die Formen des Konjunktivs II nicht von den Formen des Indikativs im Präteritum zu unterscheiden. In diesem Fall verwendet man die Umschreibung mit *würde*, um den Konjunktiv eindeutig zu kennzeichnen:
  - *Zur Erholung **würde** ich in die Berge **verreisen*** statt: *Zur Erholung **verreiste*** (Indikativ Präteritum = Konjunktiv II) *ich in die Berge.*
  - Das gilt auch für die **indirekte Rede:** *Er sagte, sein Vater **würde** mit seiner Rückkehr **rechnen*** statt: *Er sagte, sein Vater **rechnete** mit seiner Rückkehr.*
- Die Umschreibung wird auch verwendet, wenn die Form des Konjunktivs II **ungebräuchlich** oder **veraltet** ist: *Er **würde** einen Kuchen **backen*** statt: *Er **büke** einen Kuchen.*

- Die Umschreibung wird gebildet mit der Konjunktiv-II-Form des Hilfsverbs *werden (würde)* und dem Infinitiv des Vollverbs.

Der Imperativ

- Der Imperativ drückt eine **Bitte**, eine **Aufforderung** oder einen **Befehl** aus: *Beeil(e) dich! Putzt euch die Zähne! Gehen Sie endlich!*
- Das Endungs-*e* der 2. Person Singular entfällt meistens: *Geh! Bleib!*

Unveränderliche Verbformen

Verben ohne Personal- und Tempusformen, ohne Modus und Genus Verbi sind unveränderliche (infinite) Verbformen.
Sie sind unabhängig vom Subjekt des Satzes.
Dazu gehören der **Infinitiv**, das **Partizip I** und das **Partizip II.**

Der Infinitiv

Der Infinitiv ist die **Grundform** des Verbs. Alle Verben enden entweder auf *-en, -rn* oder *-ln*: *holen, ändern, regeln.* Der Infinitiv steht:

- in Verbindung mit anderen Verben, vor allem mit dem Hilfsverb *werden* und Modalverben: *Ich muss abreisen. Wann wirst du kommen?*

- als Satzglied oder als Attribut zu einem Substantiv: *Reisen bildet den Menschen. Unser Entschluss abzureisen steht fest.*
- Hängen von einem Infinitiv andere Wörter oder Wortgruppen ab, liegt eine Infinitivgruppe (erweiterter Infinitiv) vor: *Er nahm sich vor, ab heute ein besserer Mensch zu werden.*

Das Partizip I

Das Partizip I (Partizip Präsens) wird mit *-nd* gebildet: *lesend, spielend.* Es wird gebraucht:

- als Attribut zu einem Substantiv: *ein lachendes Kind,*
- als Artangabe: *Das Kind lief lachend heim.*

Das Partizip II

Das Partizip II (Partizip Perfekt) wird in der Regel mit der Vorsilbe *ge-* gebildet: *gekauft, gelaufen.* Verben mit den Vorsilben *be-, emp-, ent-, er-, ge-, miss-, ver-* und *zer-* sowie auf *-ieren* bekommen kein *ge-: bestellt, erzählt, planiert.* Es wird hauptsächlich verwendet:

- in der Verbindung mit Hilfsverben (Zeitformen und Passiv): *Er hat gesagt, es wurde gesprochen,*
- als Attribut zu einem Substantiv: *ein geprügelter Hund,*
- als Artangabe: *Sie dachte angestrengt nach.*

Infinitiv oder Partizip II?

Wenn einem Modalverb oder *brauchen* ein Infinitiv vorausgeht (etwa im Perfekt oder Plusquamperfekt), steht statt des Partizips II der Ersatzinfinitiv: *Das hätte er mir auch schreiben können* (nicht: *gekonnt*). *Wir haben nicht lange zu warten brauchen.*

Satzarten

Ein **Hauptsatz** steht für sich allein und hängt von keinem anderen Satz ab.

- Er besteht mindestens aus einem **Subjekt** und einem **Prädikat:**
  Sie (Subjekt) *liest* (Prädikat).
- Er kann durch Satzglieder (Objekte, adverbiale Bestimmungen) **erweitert** werden: *Sie liest gerade* (adverbiale Bestimmung der Zeit) *ein Buch* (Akkusativobjekt).

Ein **Nebensatz** kann nicht für sich allein stehen, sondern hängt von einem anderen Satz ab. Er wird durch unterordnende Konjunktionen *(als, nachdem, weil, wenn)* an den Hauptsatz gebunden und ist ihm entweder

- **nachgestellt:** *Sie sah fern, nachdem sie gegessen hatte,*
- **vorangestellt:** *Nachdem sie gegessen hatte, sah sie fern* oder
- in ihn **eingeschoben:** *Sie sah, nachdem sie gegessen hatte, fern.*

Nebensätze nach Art der Verknüpfung

Relativsätze

Relativsätze werden durch ein **Relativpronomen** oder ein **Relativadverb** eingeleitet: *der/die/das, welcher/welche/welches, wo, wie, wohin, woher, wodurch, wer/was.*

- Das Relativpronomen bezieht sich auf ein Wort aus dem Hauptsatz und stimmt damit in Genus und Numerus überein. Der Kasus richtet sich danach, welches Satzglied das Relativpronomen innerhalb des Relativsatzes darstellt: *Das Geld, das ich verdient habe, ist schon ausgegeben. Der Freund, dem ich einen Brief schreibe, wohnt in Hamburg. Dort, wo er steht, ist der Boden matschig.*
- Vor dem Relativpronomen kann eine **Präposition** stehen: *Ich zeige dir das Haus, in das ich einziehen werde.*

Konjunktionalsätze

Konjunktionalsätze werden durch unterordnende Konjunktionen wie *als, während, nachdem, weil* an den Hauptsatz angeknüpft: *Während ich schlief, kam Besuch.*

Interrogativsätze

Interrogativsätze (indirekte Fragesätze) werden durch **Interrogativpronomen** eingeleitet: *was, wann, wer, wie, wo, warum, weshalb: Zeig ihm,* ***wie man das macht.*** *Ich habe alles gesagt,* ***was ich weiß.*** *Er fragt,* ***wann wir uns treffen.***

Entscheidungsfragen (Antwort: *Ja* oder *Nein*) werden mit *ob* eingeleitet: *Er möchte wissen,* ***ob*** *du kommst.*

Infinitivsätze

Infinitivsätze bestehen aus einer **erweiterten Infinitivgruppe** mit *zu.*

Der Infinitiv kann um ein Objekt oder eine adverbiale Bestimmung erweitert sein: *Wir haben das Recht,* ***Fehler zu machen.*** *Ich beschließe,* ***nicht vorschnell aufzugeben.***

Partizipialsätze

Partizipialsätze werden mit einem **Partizip I** oder **II** gebildet. Sie beziehen sich auf das Subjekt des Hauptsatzes: *Vor Anstrengung keuchend, konnte er nichts sagen. Den Kopf in den Nacken gelegt, schaute sie zum Himmel.*

Nebensätze nach Art der Funktion

Subjektsätze

Bei Subjektsätzen nimmt der gesamte Nebensatz die **Stelle des Subjekts** im Satz ein. Er kann wie ein einzelnes Wort mit der Frage *wer* oder *was?* erfragt werden: *Wer rechtzeitig kommt, schafft die Arbeit problemlos* (→ Wer schafft die Arbeit problemlos?).

Objektsätze

Bei Objektsätzen nimmt der gesamte Nebensatz die **Stelle des Objekts** im Satz ein. Er kann mit dem Interrogativpronomen für den entsprechenden Kasus *wen?, was?, wem?, wessen?* erfragt werden: *Wer mein Freund ist, dem vertraue ich* (→ Wem vertraue ich?). *Sie möchte nicht, dass wir kommen* (→ Was möchte sie nicht?).

Adverbialsätze

Bei Adverbialsätzen nimmt der gesamte Nebensatz die **Stelle einer adverbialen Bestimmung** ein. Er wird mit dem jeweiligen Interrogativadverb: *warum?, wann?, wie?* usw. erfragt: *Als das Essen beendet war, tranken wir Tee* (→ Wann tranken wir Tee?) = *Nach dem Essen tranken wir Tee.*

Häufig werden Adverbialsätze durch eine Konjunktion eingeleitet, sind also der Form nach Konjunktionalsätze: *Ich bin schlecht gelaunt, weil ich mich erkältet habe.*

Attributsätze

Attributsätze treten an die **Stelle eines Attributes.** Man fragt nach ihnen mit den Fragepronomen *welche/-r/-s?* Attributsätze haben fast immer die Form eines Relativsatzes: *Das Buch, das ich suchte, fand ich unter dem Bett* (→ Welches Buch?) = *Das gesuchte Buch fand ich unter dem Bett.*

Register

Einfache Tipps und Regeln für den Alltag

Erste Hilfe – Rechtschreibung

80 Seiten. Broschur

ISBN 978-3-411-72196-2